Picardie

Textes : **Hervé Le Gac et Christine Dufly**

Texts : **Hervé Le Gac et Christine Dufly**

Photographies : **Hervé Le Gac**

Photographs : **Hervé Le Gac**

D1641360

Editions OUEST-FRANCE

La Somme

Somme

Les façades de Mers-les-Bains au soleil couchant.

The sun sets over the façades of Mers-les-Bains.

Pauvre à l'origine, le quartier Saint-Leu est devenu « branché » après restauration dans les années quatre-vingt-dix.
The modest Saint-Leu quarter has become a fashionable district after restoration works in the 1990s.

Amiens
Amiens

La cathédrale d'Amiens, avec ses 200 000 m³, pourrait contenir deux fois Notre-Dame de Paris !
Amiens Cathedral is a monumental structure that is twice the size of Paris' famous Notre Dame!

Plus de 4 000 figurines en une centaine de saynètes y sont sculptées.
More than 4,000 sculpted figures depict a hundred different scenes.

La Picardie possède six cathédrales gothiques et Notre-Dame d'Amiens serait la plus vaste de France. La légende raconte qu'elle fut construite en 1220 « sur un champ d'artichauts légué par deux pieux hortillons ». Les multiples bras de la Somme constituent en effet, entre la « petite Venise du Nord » (le quartier Saint-Leu) et les 300 ha de jardins d'hortillonnages, un lieu de promenade et de vie incontournable.

Picardy has six Gothic cathedrals, and Notre Dame Cathedral in Amiens is reputedly the largest in France. Legend has it that the cathedral was built in 1220 'on a field of artichokes bequeathed by two devout market gardeners'. The many tributaries of the River Somme have created the 'little Venice of the North' (the Saint-Leu district), interspersed with numerous hortillonnages, or floating gardens – the perfect place for a relaxing stroll.

Remaniée par Viollet-le-Duc au XIXᵉ siècle, la cathédrale échappa miraculeusement aux bombardements de 1940.
The cathedral was given a new lease of life by Viollet-le-Duc in the 19th century and miraculously escaped the bombings of 1940.

La tombe de Jules Verne est en plein cœur du très beau cimetière de La Madeleine.
The tomb of Jules Verne is at the centre of the beautiful La Madeleine cemetery.

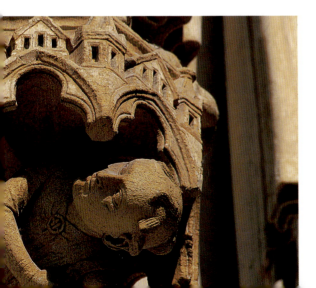

L'Unesco envisage de classer les hortillonnages comme « Site d'intérêt mondial » : vous serez en effet fasciné, comme le furent les Romains, par la culture maraîchère dans ces jardins flottants. C'est dans une barque que la découverte sera la plus riche pour circuler de parcelles cultivées en jardins d'agréments, l'espace est accessible aussi en partie à vélo.

UNESCO is considering making the hortillonnages a World Heritage Site. Visitors will be fascinated – as the Romans were – by these floating market gardens. The best way to explore this patchwork of vegetable plots and ornamental gardens is by boat. The hortillonnages are also partly accessible by bike.

Des locations de barque ont lieu aux beaux jours au port à fumier.
Boats can be hired at the harbour on fine days.

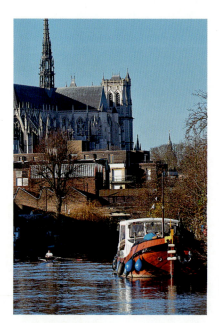

Dix minutes à pied séparent les hortillonnages de la cathédrale.
The hortillonnages are just a ten-minute walk from the cathedral.

Les berges en bois des hortillonnages nécessitent un perpétuel entretien.
The wooden banks of the hortillonnages require constant upkeep.

Les petits canaux sont appelés les « rieux ».
The little canals are known as rieux.

Les hortillonnages
d'Amiens
The Amiens hortillonnages

Les hortillonnages sont un lieu de pratique sportive dès le lever du jour.
From sunrise to sunset, the hortillonnages are a great place for sport and leisure.

La conception des jardins répond à un classement particulier.
The gardens have been carefully designed to achieve a striking effect.

L'abbaye de Valloires
Valloires Abbey

Les espèces sont classées non par origine ou famille mais selon leur caractéristique esthétique.
Plant species aren't grouped together by origin or family but by their aesthetic qualities.

Les jardins ont été créés autour de la jolie abbaye cistercienne en 1987, le site est classé Monument historique et le parc a reçu le label « Jardins remarquables ». Le promeneur évolue dans une collection unique de 5 000 espèces et variétés de roses et d'arbustes rares, dont la célèbre « rose de Picardie ».

The gardens were created around the beautiful Cistercian abbey in 1987. The site is a listed historical monument and the grounds have been awarded the "Remarkable Gardens" label. Visitors can admire a unique collection of 5,000 species and varieties of roses and rare shrubs, including the famous "Rose of Picardy".

Le chœur de l'église abbatiale
(© Association de Valloires).
*The choir of the abbey church
(© Association de Valloires).*

Gilles Clément, le paysagiste, a créé
un jardin contemporain dans un site du XVIIᵉ siècle.
*Landscape gardener Gilles Clément has created a contemporary
garden on a 17th-century site.*

La fondation cistercienne du XIIᵉ siècle conserve une activité
touristique et d'aide à l'enfance (© Association de Valloires).
*The 12th-century Cistercian foundation is today involved in promoting
tourism and providing aid for children (© Association de Valloires).*

« Mareskienterre » voulait dire « la mer qui rentre dans la terre » : le lieu est une zone de halte migratoire pour des milliers d'oiseaux sauvages, où ils se reproduisent ou hivernent. Le parc est inclus dans une grande zone naturelle de dunes, marais et forêt. Il propose quatorze postes d'observation pour traquer avocettes, hérons, cigognes, grèbes huppés parmi trois cent cinquante espèces d'oiseaux.

The park's name comes from mareskienterre, meaning "where the sea encroaches on land". Marquenterre Park is a staging area, breeding zone and wintering site for thousands of wild birds. It is part of a vast natural area including dunes, marshes and forests. It has fourteen observation posts where bird-watchers can view some three hundred and fifty species including avocets, herons, storks and great crested grebes.

Le parc se visite en calèche à cheval.
Horse-drawn carriage rides are the perfect way to visit the park in style.

La réserve est un régal pour les photographes animaliers en toute saison.
The nature reserve is a great spot for wildlife photographers all year round.

Un groupe d'huîtriers-pies s'envole (© Nathanaël Herrmann).
A group of oystercatchers takes flight (© Nathanaël Herrmann).

Une cigogne blanche pêche l'anguille.
A white stork catches an eel.

Le parc du Marquenterre
Marquenterre Park

**Le mâle du couple de foulques macroules
porte une brindille à sa femelle qui couve.**
A male coot brings a twig to his female mate, who is sitting on her eggs.

Saint-Valery-sur-Somme est un petit port plein de vie et de charme sur la baie.
Saint-Valery-sur-Somme is a delightful little harbour town on the bay.

La baie de Somme
The Somme Bay

Le chemin de fer de la baie de Somme relie Le Crotoy à Cayeux d'avril à septembre, tiré par des locomotives à vapeur.
The Somme Bay Railway runs steam trains on the line from Le Crotoy to Cayeux from April to September.

Pour son immense richesse naturelle, la baie de Somme a été déclarée « Grand site de France » en 2011 et fait partie depuis fin 2012 du parc marin Picardie-Côte d'Opale : c'est ici que vous pourrez observer une étonnante colonie de phoques, des troupeaux de moutons de pré-salé ou de superbes chevaux Henson.

The Somme Bay was officially recognised as a "Great Site of France" in 2011 for its outstanding natural heritage. Since late 2012 it has been part of the Picardy–Opal Coast Marine Park. Visitors can admire a breathtaking seal colony, herds of salt-meadow sheep and superb Henson horses.

Deux espèces vivent en baie de Somme : le phoque gris et le veau marin (© S. Bouilland - CRT Picardie).
Two species live in the Somme Bay: the grey seal and the common seal (© S. Bouilland – CRT Picardie).

Le cheval Henson est une race créée en baie de Somme vers la fin des années soixante-dix.
The Henson is a breed of horses developed in the Somme Bay in the late 1970s.

Les quais de Saint-Valery sont bordés de riches demeures d'armateurs du XIXᵉ siècle.
The banks of Saint-Valery are lined with elegant 19th-century ship-owners' houses.

La baie sera un lieu d'expériences uniques : découverte grâce au vieux train à vapeur qui relie Le Crotoy à Cayeux ou pour les sportifs, traversée de la baie lors de la célèbre Transbaie. Mais vous choisirez peut-être tout simplement une bonne table après le marché de Saint-Valery pour déguster de délicieux fruits de mer accompagnés d'une bière picarde.

The Somme Bay is full of possibilities – visitors can explore the area by taking the old steam train from Le Crotoy to Cayeux, or cross the bay on foot in the famous "Transbaie" race. But perhaps the most enjoyable option is simply a delicious meal out after the Saint-Valery market and the chance to sample fresh seafood washed down with a Picardy beer.

Pendant le marché de Saint-Valery, vous pourrez peut-être avoir la chance de voir un phoque remonter avec la marée.
During the Saint-Valery market, you might be lucky enough to see a seal drift in with the tide.

Les 14 km de la Transbaie en paraissent bien plus de 20, les pieds ou plus dans la vase...
(© H. Le Gac - Transbaie).
The 14km Transbaie race can seem twice as long for runners trudging through the mud! (© H. Le Gac – Transbaie)

Une vue du Crotoy pendant un rude hiver (© S. Bouilland - CRT Picardie).
A view of Crotoy during a particularly harsh winter (© S. Bouilland – CRT Picardie).

La Transbaie est une véritable institution : une traversée aller-retour de la baie, entre Saint-Valery et Le Crotoy (© H. Le Gac - Transbaie).
The Transbaie race is a genuine institution – runners cross the bay from Saint-Valery to Le Crotoy and back.

Des marées d'exception
Delicious fresh catches

En 1989, 600 coureurs étaient au départ, en 2012, ils étaient 7000 ! (© H. Le Gac - Transbaie).
In 1989, 600 runners took to the starting line; by 2012, the number had risen to 7,000! (© H. Le Gac – Transbaie)

C'est la partie sud de la baie d'Authie qui marque la frontière nord de la Picardie.
The southern part of the Authie Bay marks Picardy's northern border.

La baie d'Authie
The Authie Bay

Cette baie présente de nombreux points communs avec la baie de Somme.
This bay has many features in common with the Somme Bay.

Pigeonnier et coquelicots dans la vallée de l'Authie.
A dovecote and poppies in the Authie Valley.

L'Authie coule dans une riche vallée, frontière nord de la Picardie et se termine par une baie, paradis des amateurs de grands espaces après avoir longé l'abbaye de Valloires. La baie d'Authie est reliée à la baie de Somme par une immense plage de sable encadrée par les dunes.

The River Authie flows through a lush valley that marks Picardy's northern border, running alongside Valloires Abbey before opening into a beautiful bay. The Authie Bay is linked to the Somme Bay by a vast sandy beach framed by dunes.

Sur les bords de mer, phoques et migrateurs sont fréquents.
Seals and migratory birds can often be seen along the coast.

Quend-Plage est une station balnéaire protégée par la Grande Dune.
Quend-Plage is a seaside town protected by he towering Grande Dune.

Mers-les-Bains est une ravissante station balnéaire au pied des falaises de craie avec son architecture typique de la Belle Époque sur le fronton de mer. Les façades colorées, les balcons ouvragés, les bow-windows et les céramiques en font un lieu unique. La plage de galets, et de sable à marée basse, est très prisée pour la baignade et les sports nautiques.

Mers-les-Bains is a delightful seaside town nestled at the foot of chalky cliffs. Its seafront is lined with sumptuous turn-of-the-century Belle Epoque architecture, with characteristic brightly coloured façades, ornamental balconies, bow windows and ceramics giving the town a special charm. The shingle beach – with a stretch of sand at low tide – is a popular spot for swimming and water sports.

Le haut des falaises est constitué de belles prairies vertes.
The cliffs are topped with grassy meadows.

Les stations balnéaires d'Ault et de Mers se sont développées grâce à leur proximité de Paris et à l'arrivée du chemin de fer.
The seaside towns of Ault and Mers, both relatively close to Paris, developed with the arrival of the railway.

Les falaises de craie naissent à Ault et se poursuivent jusqu'à l'embouchure de la Seine.
The chalky cliffs begin in Ault and continue as far as the mouth of the Seine.

Le style Art nouveau caractérise les bords de plage à Mers.
The Art Nouveau style characterises the seafront in Mers.

La côte de
Mers-les-Bains à Ault
The coast from Mers-les-Bains to Ault

À Mers, en fin de journée, la plage se colore de teintes chaudes.
As the sun sets in Mers, the beach is bathed in a soft palette of colours.

Selon le dicton, « Qui n'a pas vu de beffrois, n'a pas vu de merveilles ». Ici, celui de Lucheux.
An old French proverb claims that those who have never seen a belfry are missing out on a real marvel. Here, Lucheux Belfry.

Les beffrois
Belfries

Le beffroi de Saint-Riquier, fait de grès et de calcaire, abrite Magdalaine, une cloche fondue en 1571.
Saint-Riquier Belfry, made of sandstone and limestone, houses Magdalaine, a bell cast in 1571.

Les beffrois picards font partie de la grande famille des beffrois du Nord, Flandre et Wallonie comprises. Ils ont chacun leur particularité architecturale, mais tous étaient le symbole d'une indépendance communale, comme l'hôtel de ville. Six sont classés par l'Unesco.

Northern France and Belgium are home to a series of belfries, many of which can be found in Picardy. Each one has its own distinctive architectural style, but all were symbols of civic independence, in the same way as the town hall. Six are included on the UNESCO World Heritage List.

Le beffroi d'Abbeville, daté de 1209, est l'un des plus anciens de France.
Abbeville Belfry dates back to 1209 and is one of the oldest belfries in France.

On accède au chemin de ronde du beffroi de Rue par un escalier à vis de 75 marches.
The parapet of Rue Belfry can be reached by a spiral staircase with 75 steps.

Le beffroi de Doullens possède une façade rénovée en brique et pierre.
The renovated façade of Doullens Belfry is made of brick and stone.

Les vitraux Art déco de l'hôtel de ville font référence aux activités économiques de la cité.
The Art Deco stained glass windows on the town hall portray the town's economic activities.

La ville d'Albert a été le théâtre de terribles affrontements durant la Première Guerre mondiale. Détruite en 1918 et reconstruite à l'identique entre 1926 et 1929, la basilique Notre-Dame de Brebières est spectaculaire. La statue actuelle de la Vierge dorée est une réplique exacte de la « Vierge penchée » tombée en 1918 en donnant vie à la légende.

The town of Albert was the scene of horrific clashes during the First World War. The spectacular Basilica of Notre-Dame de Brebières was destroyed in 1918 and faithfully rebuilt to the same design from 1926 to 1929. The current "Golden Virgin" statue is an exact copy of the "Leaning Virgin", which gave rise to the famous legend and eventually fell in 1918.

Deux cent cinquante façades, typiques de la reconstruction d'après guerre, sont de style Art déco.
The town has two hundred and fifty Art Deco façades, typical of post-war reconstruction.

La chute d'un obus suspendit la Vierge durant toute la guerre.
A falling shell struck the Virgin statue, making it hang at a precarious angle throughout the war.

L'intérieur de la basilique, très coloré, est de style néobyzantin.
The Neo-Byzantine interior of the basilica is very colourful.

Albert
Albert

Un avion Potez 36 est exposé dans le hall de la jolie gare SNCF,
le constructeur étant natif d'Albert.
*A Potez 36 aircraft, whose constructor was from Albert,
is on display in the lobby of the pretty railway station.*

Le relief parfois tourmenté permet de beaux points de vue.
The hilly landscape offers spectacular viewpoints.

Les marais de Somme
The Somme marshes

Les marais sont aussi le lieu de nombreux sports de pleine nature. Ici, la course d'orientation (© H. Le Gac - Trophée Picard).
The marshes are a popular spot for open-air sports, including orienteering (© H. Le Gac – Trophée Picard).

A u cœur des huit méandres de la Somme, les marais sont un espace de promenade entre terre et eau. Plus de cent cinquante espèces de plantes se développent dans la vallée tourbeuse de la haute Somme. De nombreux chemins de halages, parfois très étroits, permettent de partir à la rencontre de pêcheurs d'anguilles ou bien de typiques huttes de chasse.

The eight meanders of the Somme have created a series of marshes, a popular spot for walks by the water's edge. Over a hundred and fifty plant species can be found in the peaty valley of the Upper Somme. The many narrow towpaths are dotted with traditional hunting lodges and are a favourite haunt for eel fishermen.

Une spécificité des marais est leur appartenance à une multitude de propriétaires.
One unique feature of the marshes is that they belong to several different owners.

Les balades nécessitent une préparation pour ne pas s'y perdre.
Walkers should study the map before setting out to make sure they don't get lost!

La découverte des marais se fait également par bateau.
The marshes can also be explored by boat.

Ses murs de brique de 3 à 7 m d'épaisseur en font un très bel exemple d'architecture militaire du XVᵉ siècle. La couleur ocre se détache dans un vaste parc à l'anglaise très arboré, souvenir d'une période très mouvementée pendant la guerre de Cent Ans.

The Château de Rambures is a fine example of 15th-century military architecture characterised by thick brick walls. The ochre-coloured château stands out clearly in a huge wooded English-style park, a relic of one of the more turbulent periods of the Hundred Years War.

Une armure au pied du grand escalier (© Château de Rambures).
A suit of armour at the foot of the main staircase (© Château de Rambures).

Il appartient à la famille de Rambures depuis six cents ans.
It has belonged to the de Rambures family for six hundred years.

Le château fut conçu par David de Rambures.
The château was designed by David de Rambures.

Il est le premier château français en brique et pierre.
Rambures was the first French château to be built of brick and stone.

Le château de Rambures
The Château de Rambures

L'intérieur se visite toute l'année, ici une chambre médiévale
(© Château de Rambures).
The château is open to visitors all year round. Here,
a mediaeval bedroom (© Château de Rambures).

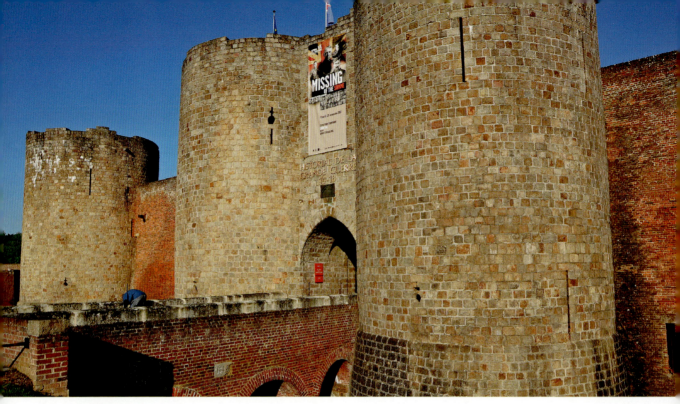

L'Historial de la Grande Guerre de Péronne rassemble plus de 65 000 objets quotidiens ayant appartenu aux civils et aux militaires.

The Historial de la Grande Guerre museum in Péronne houses more than 65,000 everyday objects that belonged to civilians and soldiers in the First World War.

La Grande Guerre dans la Somme
The Great War in the Somme

Les corps de 849 Chinois, morts de maladie, reposent dans le cimetière chinois de Nolette à Noyelles-sur-Mer.

The bodies of 849 Chinese who died from disease are buried in the Chinese cemetery in the village of Nolette, in Noyelles-sur-Mer.

Un circuit souvenir relie Albert à Péronne. La bataille de la Somme a fait plus d'un million de victimes. Le 1er juillet 1916 fut le jour où l'armée britannique paya son plus lourd tribut avec près de 60 000 tués, blessés ou disparus. Le monument de Thiepval commémore ce drame.

A Circuit of Remembrance runs from Albert to Péronne. The Battle of the Somme claimed over a million victims. The fateful day of 1 July 1916 proved to be the most costly for the British army, with some 60,000 soldiers killed, injured or missing in action. The Thiepval Memorial commemorates this tragic event.

Le mémorial franco-britannique de Thiepval est l'œuvre de sir Edwin Lutyens. Il porte les noms de 73 367 disparus britanniques et sud-africains.
The Franco-British Memorial in Thiepval was designed by Sir Edwin Lutyens. It bears the names of 73,367 British and South African soldiers who fell in the Somme.

La tour d'Ulster, à Thiepval, est le mémorial à tous les soldats irlandais.
The Ulster Tower in Thiepval is a memorial to soldiers from Northern Ireland.

L'Historial, installé dans le château du XIIIe siècle, a une dimension pédagogique essentielle.
The Historial, housed in a 13th-century castle, teaches visitors about the Great War.

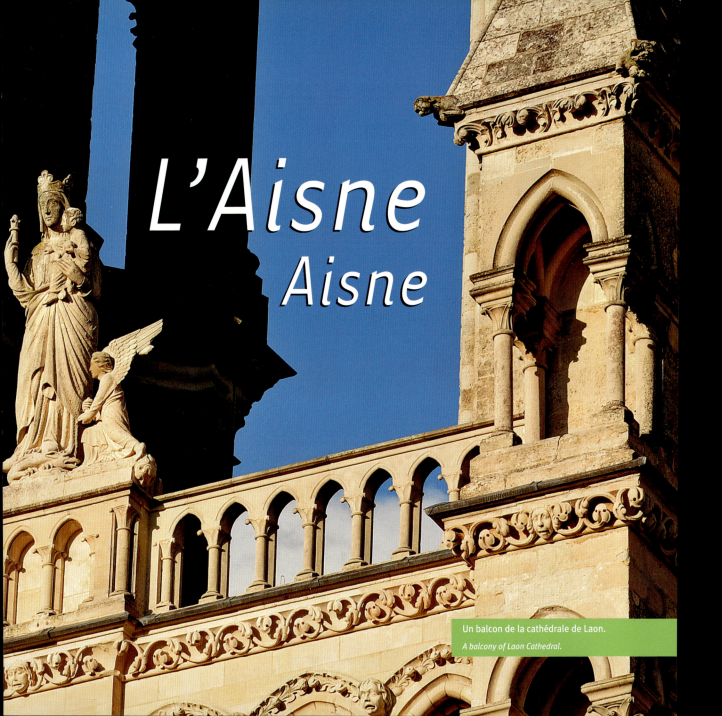

L'Aisne

Aisne

Un balcon de la cathédrale de Laon.

A balcony of Laon Cathedral.

Le Chemin des Dames est un fort témoignage du désespoir des poilus.
The Chemin des Dames is a poignant reminder of the despair of the soldiers in World War I.

Le Chemin des Dames
The Chemin des Dames

La « Constellation de la Douleur » est une œuvre de Christian Lapie en hommage aux tirailleurs sénégalais.
The Constellation de la Douleur is a work by Christian Lapie that pays tribute to Senegalese soldiers.

Le Chemin des Dames est une partie du plateau stratégique soissonnais. Napoléon y affronta Blücher en 1814. Le 16 avril 1917, le général Nivelle lança une grande offensive qui se solda par un échec. Ce désastre provoqua une perte de confiance dans l'armée, allant jusqu'à la mutinerie. Le plateau sera de nouveau le théâtre d'affrontements en juin 1940.

The Chemin des Dames is part of the strategic ridge in Soissons. It was the site of Napoleon's battle with Blücher in 1814. On 16 April 1917, General Nivelle launched a major offensive that ended in failure. This disastrous episode led to a crisis of confidence in the army that resulted in mutiny. The ridge again became a theatre of conflict in June 1940.

La nécropole de Cerny-en-Laonnois abrite plus de 5 000 combattants français ou russes.
More than 5,000 French and Russian soldiers are buried in the cemetery in Cerny-en-Laonnois.

La caverne du Dragon raconte la vie des soldats français ou allemands à 15 m sous terre (© F. Marlot - CG02).
The Caverne du Dragon, a museum located 15m underground, tells about the daily life of French and German soldiers (© F. Marlot – CG02).

Sur le plateau de Californie à Craonne, un circuit pédestre est aménagé, permettant d'observer des vestiges de tranchées.
A walking trail on the Plateau de Californie in Craonne takes hikers past the remains of World War I trenches.

FRANCK Maurice
160ᵉ RI
MORT POUR LA FRANCE LE 06.05.1917

Du premier âge gothique, la cathédrale de Laon inspira de nombreuses « sœurs » comme Reims ou Chartres.
Dating from the early Gothic period, Laon Cathedral served as inspiration for many other Gothic cathedrals, including those in Reims and Chartres.

Laon surprend : tant de monuments classés dans un cadre médiéval perchés sur un promontoire qui domine la plaine ! La cathédrale se détache sur cette Montagne Couronnée, fière de ses quatre tours majestueuses surmontées de bœufs légendaires. D'agréables restaurants permettent d'admirer les lumières du soleil couchant sur la façade de Notre-Dame.

Laon is a fascinating mediaeval town, its many listed historical monuments perched on a promontory that rises above the plain. The cathedral stands proudly atop this "Crowned Mountain", with four soaring towers adorned with sculpted oxen, evoking the legend. Several restaurants offer spectacular views of the setting sun on the cathedral façade.

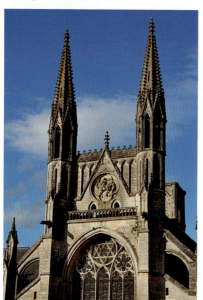

L'abbatiale Saint-Martin fut fondée en 1120 par saint Norbert.
The Abbey Church of Saint-Martin was founded in 1120 by Saint Norbert.

Près de la cathédrale, la chapelle est la dernière marque de la présence templière à Laon.
Near the cathedral, the chapel is the last trace of the Knights Templars in Laon.

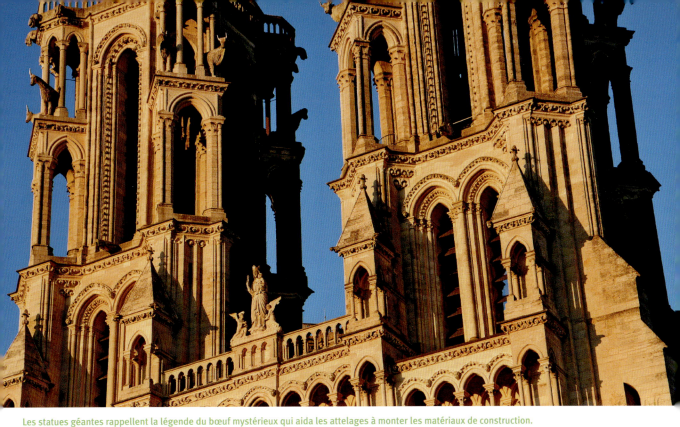

Les statues géantes rappellent la légende du bœuf mystérieux qui aida les attelages à monter les matériaux de construction.

Giant statues evoke the legend of the mysterious ox that helped carry heavy stones to the top of the plateau to build the cathedral.

Laon

Laon

Roland, neveu de Charlemagne, se serait caché dans la porte d'Ardon avant son départ pour Roncevaux.

Roland, nephew of Charlemagne, is said to have hidden in the Gate of Ardon before setting off for Roncevaux.

La Grand-Place, comme toute la ville, a beaucoup souffert des bombardements de la Grande Guerre.
The Grand-Place and the town as a whole suffered extensive damage from bombings during World War I.

Saint-Quentin
Saint-Quentin

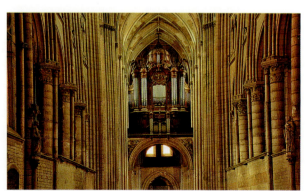

De grandes dimensions, la nef de la basilique atteint 38 m de hauteur.
The nave in the basilica is an impressive 38m tall.

Il faudra bien souvent lever le nez à Saint-Quentin afin d'apprécier les variétés du patrimoine architectural : les détails des façades gothiques de l'hôtel de ville côtoient les ferronneries ou les motifs géométriques mêlés aux bow-windows caractéristiques de l'Art déco des années vingt. La Grand-Place, très animée, pourrait être la plus méridionale des places flamandes.

Visitors to Saint-Quentin will have to look up from their guidebooks if they want to enjoy the town's rich architectural heritage – the intricate detail of the Gothic façade on the town hall, the fine examples of ironwork and geometrical motifs and the characteristic bow windows of 1920s Art Deco style. The lively Grand-Place is perhaps the most southerly of the Flemish-style squares.+

Un mélange d'architecture couvrant presque mille ans.
The town boasts a rich architectural mix covering almost a thousand years.

L'hôtel de ville est un admirable exemple de gothique flamboyant.
The town hall is a fine example of Flamboyant Gothic style.

L'intérieur de la poste a été décoré par René Delannoy de six panneaux de mosaïque Art déco.
The post office interior was decorated with six Art Deco mosaic panels by René Delannoy.

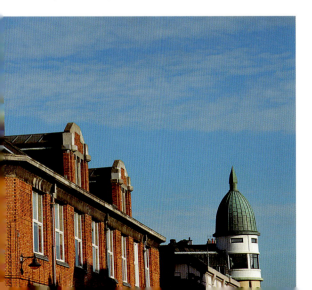

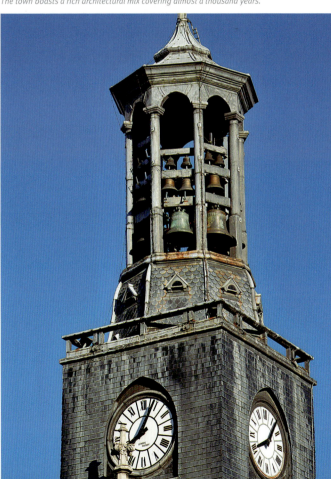

La forêt de Retz est un grand massif forestier français avec une superficie de 13 000 ha. Traversée par la N 2, elle abrite de nombreux villages charmants que l'on rejoint par de minuscules routes, mais aussi l'abbaye de Longpont, l'ermitage Saint-Hubert ou d'émouvants témoignages de la Grande Guerre tel le monument « Passant arrête-toi ».

This vast French forest covers some 13,000 hectares. It is bisected by the N2 main road and contains a number of charming villages connected by small winding roads. It is also home to Longpont Abbey, Saint-Hubert Hermitage and several moving tributes to the First World War, such as the Passant arrête-toi monument, which encourages passers-by to pause and think.

Près de La Ferté-Milon, commença en 1802 la partie canalisée de l'Ourq.
Construction on the Canal de l'Ourq began near La Ferté-Milon in 1802.

La porte fortifiée de l'abbaye de Longpont est le seul vestige intact.
The fortified entrance is the only surviving remnant of Longpont Abbey.

Villers-Cotterêts est niché en plein cœur de la forêt de Retz.
Villers-Cotterêts nestles at the heart of Retz Forest.

Les pierres de l'abbaye de Longpont du XIIIᵉ siècle furent vendues sous la Révolution.
The stones of the 13th-century Longpont Abbey were sold during the French Revolution.

La forêt de Retz
Retz Forest

« Passant arrête-toi » fut érigé en l'honneur d'Henri de Chasseval.
Passant arrête-toi was erected in honour of Henri de Chasseval.

Du XVIIIe siècle, le château de Montgobert a appartenu à Pauline Bonaparte et son mari, le général Leclerc.
The 18th-century Château de Montgobert belonged to Pauline Bonaparte and her husband, General Leclerc.

Les châteaux de l'Aisne
Châteaux in Aisne

François Ier, Napoléon, Alexandre Dumas… les illustres occupants du château de Villers-Cotterêts.
The illustrious occupants of the Château de Villers-Cotterêts include King Francis I, Napoleon and Alexandre Dumas.

Le château de Condé a été décoré par des artistes prestigieux, Watteau, Boucher…
The Château de Condé was decorated by famous artists including Watteau and Boucher.

Du Moyen Âge à la fin de la Renaissance, les châteaux de l'Aisne représentent plus de sept siècles de l'histoire de France : le château fort des ducs de Guise renforcé par Vauban, celui de François Iᵉʳ à Villers-Cotterêts et ses jardins attribués à Le Nôtre, ou celui de Condé, occupé par les princes de Condé, Richelieu ou Jean de La Fontaine. C'est peut-être une histoire plus récente qui marquera le plus : celle du dynamitage par les forces allemandes en 1917 de la ville et du château de Coucy, forteresse aux trente tours.

The châteaux in Aisne represent more than seven centuries of French history, from the Middle Ages to the end of the Renaissance. They include the Castle of the Dukes of Guise that was fortified by Vauban, King Francis I's château in Villers-Cotterêts with gardens designed by Le Nôtre, and the Château de Condé, home to the Princes of Condé, Richelieu and Jean de La Fontaine. But more recent events leave perhaps the most lasting impression: in 1917, German forces dynamited the town of Coucy and its castle, a fortress with thirty towers.

Un camp-chantier de jeunes, ouvert au public, fut créé par le Club du Vieux Manoir au château fort de Guise.
A work camp, open to the public, was set up by the Club du Vieux Manoir in the Castle of Guise.

Depuis quelques années, des travaux permettent la reconstruction des trente tours de Coucy-le-Château.
In recent years, work has been carried out to rebuild the thirty towers of Coucy-le-Château.

Célèbre par Clovis et le vase brisé, Soissons est aussi une ville d'art et d'histoire. L'abbatiale Saint-Jean-des-Vignes fut en grande partie détruite sur décret impérial de 1805. Les deux hautes tours et les trois porches décorés restants donnent l'impression d'un décor de théâtre. La cathédrale Saint-Gervais-et-Saint-Protais, avec sa verrière art gothique rayonnant, abrite un chef-d'œuvre de Rubens, « L'Adoration des bergers ».

Soissons, well-known for the story of Clovis and the broken vase, is also a listed Town of Art and History. The Abbey Church of Saint-Jean-des-Vignes was largely destroyed under the imperial decree of 1805. The remaining two high towers and three decorative porches are reminiscent of a theatre set. The Cathedral of Saint-Gervais-et-Saint-Protais, with its striking stained glass window in the Rayonnant Gothic style, houses a Rubens masterpiece, The Adoration of the Shepherds.

La façade asymétrique de la cathédrale est très caractéristique.
The cathedral has a striking asymmetrical façade.

Ancienne capitale mérovingienne, Soissons est traversé par l'Aisne.
The River Aisne flows through Soissons, a former Merovingian capital.

Les vitraux du chœur furent les seuls épargnés en 1815 dans une cathédrale transformée en poudrière.
In 1815, the stained glass windows in the choir were the only to survive in a cathedral turned powder magazine.

La destruction de l'abbaye Saint-Jean-des-Vignes fut ordonnée par Napoléon et sa façade ne fut préservée qu'après de vives protestations.
The Abbey of Saint-Jean-des-Vignes was destroyed by order of Napoleon and this façade was only spared after lively protests.

Soissons
Soissons

L'intérieur de la cathédrale est un bel exemple de ligne pure.
The interior of the cathedral is a fine example of clean architectural lines.

La Champagne picarde est parcourue par la Route Touristique du Champagne en Picardie, dans le sud-est de l'Aisne. Le territoire couvre les bords de Marne de Crouttes à Dormans, en passant par Château-Thierry.

The Picardy Champagne Trail crosses the "Champagne Picarde" district, in the south-east of the Aisne département. The area covers the banks of the River Marne from Crouttes to Dormans, passing through Château-Thierry.

La Champagne picarde
Champagne Picarde

Des équipes de saisonniers fidèles reviennent tous les ans pour les vendanges au mois d'octobre.

Seasonal workers come back every year for the grape harvest in October.

La Champagne picarde est composée de 48 communes et regroupe 800 viticulteurs, la plupart récoltants-manipulateurs. Dix pour cent du champagne AOC français y est produit. Les trois cépages, pinot noir, pinot Meunier et chardonnay, sont les seuls autorisés. Ils sont vendangés à la main en septembre, avant le processus complexe de champagnisation.

Champagne Picarde covers 48 towns and villages and is home to 800 wine growers, most of them grower-producers. Ten per cent of France's AOC Champagne is produced here. Just three grape varieties are allowed – Pinot Noir, Pinot Meunier and Chardonnay. They are picked by hand in September before the complex Champagne-making process begins.

Les pupitres des caves Leredde : les bouteilles y sont traditionnellement inclinées afin de permettre le « remuage » d'un huitième de tour, pour gérer le dépôt.

Racks in the Leredde cellars: the bottles are traditionally stored at an angle for "riddling", a process in which they are turned one-eighth of a turn each day to move the sediment towards the neck.

Le travail de la coupe se fait depuis des siècles de la même façon : à la main, le vendangeur courbé ou accroupi jusqu'au pied du cep.

Grapes have been picked using the same technique for centuries: grape-pickers bend over or crouch down and pick the bunches from the base of the stalk.

Lors des vendanges, une phase importante est celle du tri : si une grappe est suspectée d'être attaquée par un champignon ou un insecte, elle est éliminée.

One important process when harvesting grapes is sorting: if a bunch looks like it might have been affected by a fungus or insect, it is removed.

L'entrée de la Manufacture royale des Glaces. Ordonné par Louis XIV, le bâtiment est à l'origine du groupe Saint-Gobain-Pont-à-Mousson.
The entrance to the Manufacture royale des Glaces, the royal mirror factory commissioned by Louis XIV. It was the forerunner of the Saint-Gobain-Pont-à-Mousson group.

C'est à la fin du XIᵉ siècle que saint Norbert fonda l'ordre des Prémontrés, en se retirant sur les lieux de l'abbaye. Remaniée au XVIIIᵉ siècle, elle sert actuellement d'hôpital psychiatrique, cachée en plein cœur de la forêt de Saint-Gobain. Ses jardins sont richement fleuris. L'escalier du bâtiment de gauche est un escalier savant remarquable, sans aucun appui autre que les murs de côté.

At the end of the 11th century, Saint Norbert founded the Premonstratensian Order and settled in Prémontré, on the site of the abbey. The complex was renovated in the 18th century and is currently used as a psychiatric hospital, nestled in the heart of Saint-Gobain Forest. Its grounds are filled with flowers. The staircase in the left-hand building is a remarkable feat of architecture, built with no support other than the side walls.

L'ancienne abbaye Saint-Nicolas-aux-Bois (privée) comprend le prieuré fortifié du Tortoir.
The former Abbey of Saint-Nicolas-aux-Bois (private) includes Le Tortoir, a fortified priory.

L'escalier savant du XVIIᵉ siècle fut une prouesse architecturale construite par Nicolas Bonhomme.
The 17th-century staircase, built by Nicolas Bonhomme, is a true feat of architecture.

L'abbaye est une des trois dernières institutions de l'ordre des Prémontrés en France.
The abbey is one of the last three institutions of the Premonstratensian Order in France.

L'abbaye de Prémontré
en forêt de Saint-Gobain
Prémontré Abbey in Saint-Gobain Forest

La fonction hospitalière de l'abbaye date de 1861.
The abbey has been used as a hospital since 1861.

La cour du pavillon central du Palais Social était le lieu de vie.
The hub of this "Social Palace" was the courtyard of the central pavilion.

Le Familistère Godin
The Godin Familistère

Tous les exemplaires de poêles et de cuisinières sont exposés dans les salles.
Wood-burning stoves and ranges are exhibited in the rooms of the Familistère.

Les célèbres poêles Godin se fabriquent toujours dans l'usine de Guise. La fonderie est créée en 1840 et la construction du Familistère débute en 1859. Jean-Baptiste André Godin voulait que la réussite de son entreprise permette à ses ouvriers d'accéder « aux équivalents de la richesse ». Le lieu est empreint de dignité et de nostalgie. Cette visite de la « Machine à habiter » sera une émouvante découverte.

The famous Godin stoves are still produced in the Guise factory. The ironworks was set up in 1840 and work on the Familistère began in 1859. Jean-Baptiste André Godin wanted to use the success of his company to provide his workers with better living conditions, which he referred to as "the equivalents of wealth". A visit to the Familistère, a place of dignity and nostalgia, promises to be a truly eye-opening experience.

Le jardin d'agrément offrait la flânerie aux ouvriers.
Workers could enjoy strolling through the ornamental garden.

Un musée sur site met maintenant en valeur cette expérience unique.
A fascinating museum explains the background to the Familistère.

Jean-Baptiste André Godin a mis en pratique les théories utopistes de Charles Fourier.
Jean-Baptiste André Godin put the utopian theories of Charles Fourier into practice.

On remarquera surtout le clocher-donjon quadrangulaire de Saint-Hilaire à Autreppes.

The quadrangular bell tower of Saint-Hilaire Church in Autreppes is particularly eye-catching.

C'est pour se protéger des invasions venues du Nord, et parce que l'argile abondait sur ses terres, que la Thiérache s'est enrichie, dès 1550, de plus de soixante églises fortifiées ; les populations s'y réfugiaient, abritées par d'épaisses murailles, des échauguettes ou des bretèches.

From 1550 onwards, more than sixty fortified churches sprang up in the Thiérache region, making good use of the local clay and protecting citizens from invasions from the north. The locals took refuge in these buildings, sheltered by thick walls, watchtowers or bartizans.

Notre-Dame-de-l'Assomption à Plomion est une des plus imposantes fortifications de la Thiérache par sa hauteur.

The sheer height of the Church of Notre-Dame-de-l'Assomption in Plomion makes it one of the most imposing fortifications in the Thiérache region.

L'intérieur de Notre-Dame-de-l'Assomption à Vervins mérite aussi un détour.

The interior of the Church of Notre-Dame-de-l'Assomption in Vervins is also well worth a visit.

Les fortifications de Saint-Médard à Beaurain furent renforcées par le duc de Guise.
The Saint-Médard fortifications in Beaurain were strengthened by the Duke of Guise.

La Thiérache
The Thiérache

Un fort en brique fut construit au XVIᵉ siècle au-dessus du chœur de l'église Saint-Nicolas à Englancourt.
A brick fortress was built in the 16th century above the choir of Saint-Nicolas Church in Englancourt.

La Hottée du Diable à Coincy est un grand chaos de blocs de grès.
The Hottée du Diable ("Devil's Basketload") in Coincy is a massive jumble of sandstone rocks.

Une grande variété de sites
A plethora of attractions

La légende raconte que le diable serait à l'origine de ce chaos.
Legend has it that this rock formation was created by the devil.

L'eau, le sable, la brique ou la pierre constituent les matières de trésors méconnus de l'Aisne, naturels ou historiques. Ils feront tous d'excellents sujets de randonnées ou de promenades familiales.

Water, sand, brick and stone are the building blocks of many of Aisne's little-known natural and historical riches. This is a great place for hikes and family walks.

L'abbaye de Vauclair, immense abbaye cistercienne, fut détruite lors des bombardements du Chemin des Dames.
Vauclair Abbey was a vast Cistercian abbey that was destroyed by World War I bombings on the Chemin des Dames.

Les « Fantômes » de Landowski, dans la plaine de Chalmont, symbolisent les grandes batailles de la Marne entre 1914 et 1918.
The ghostly figures of Landowski's sculpture Fantômes, *on the Chalmont Plain, symbolise the great Battles of the Marne between 1914 and 1918.*

L'église Notre-Dame d'Oulchy-le-Château est inscrite aux Monuments historiques.
The Church of Notre-Dame d'Oulchy-le-Château is a listed historical monument.

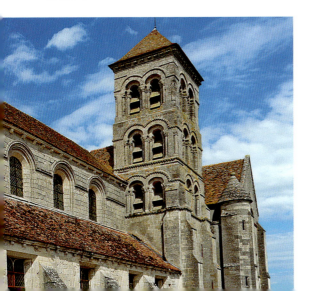

Les carrières étaient utilisées pour la pierre blanche calcaire caractéristique de la région (Soissons, Vauclair…). Elles servirent aussi pendant la Résistance. Actuellement, elles sont un réel patrimoine culturel pour la qualité de leurs champignons. Seules huit champignonnières en Picardie (six dans l'Aisne) continuent la production en carrière, luttant difficilement contre la concurrence en hors-sol.

Quarries provided the region's characteristic chalky white stone (as seen in Soissons and Vauclair) and also proved invaluable during the Resistance. Now they play an important part in the area's cultural heritage as mushroom farms. Only eight farms in Picardy (six in the Aisne département) continue to cultivate mushrooms in quarries; they face stiff competition from above-ground production methods.

La champignonnière de la Perrière à Crouy perpétue une tradition de culture en carrière de qualité.
La Perrière mushroom farm in Crouy upholds a tradition of quality with its quarry methods.

Les champignons de Paris poussent en grappes dans les conteneurs.
Button mushrooms grow in bunches in containers.

Les pierres de ces carrières ont aussi servi à la construction du Sacré-Cœur et de la Gare du Nord à Paris.
The stones from these quarries were also used to build the Sacré-Cœur and the Gare du Nord railway station in Paris.

Les champignons de carrière absorbent longuement l'humidité des pierres.
Quarry-grown mushrooms absorb moisture from the stones over a long period.

Champignonnières
Mushroom farms

Il ne reste qu'une champignonnière en carrière dans l'Oise.
There is only one remaining quarry mushroom farm in the Oise département.

L'Oise
Oise

Le château de Chantilly en fin de journée.

The Château de Chantilly at dusk.

La cathédrale Saint-Pierre, inachevée depuis plus de cinq cents ans, reste pourtant un pur chef-d'œuvre de l'art gothique. Elle renferme, sous ses voûtes hautes de 48 m, une célèbre horloge astronomique composée de plus de 90 000 pièces. Tout autour, dans le quartier central, alternent rues commerçantes, maisons à colombages et monuments prestigieux comme l'ancien palais épiscopal ou l'église Saint-Étienne et ses magnifiques vitraux.

Despite remaining unfinished for over five hundred years, Saint-Pierre Cathedral is a true masterpiece of Gothic architecture. Under its 48m-high vaulted ceiling, it features a famous astronomical clock made of over 90,000 parts. Around the cathedral, in the centre of Beauvais, visitors can stroll along shopping streets lined with half-timbered houses and impressive monuments such as the former Episcopal Palace and Saint-Étienne Church with its magnificent stained-glass windows.

L'apogée du gothique est caractérisé par une hauteur de voûtes sans égale.
The apogee of the Gothic style is characterised by towering vaulted ceilings.

L'horloge astronomique a été conçue par Auguste-Lucien Vérité en 1868.
The astronomical clock was designed by Auguste-Lucien Vérité in 1868.

L'entrée de la cathédrale se fait par le transept, la nef n'ayant jamais été réalisée.
The entrance to the cathedral is through the transept, since the nave was never built.

Un bel ensemble de maisons anciennes entoure la cathédrale.
The cathedral is surrounded by historical houses.

Beauvais
Beauvais

La maladrerie Saint-Lazare, très bel exemple d'architecture hospitalière du XIIe siècle, est un lieu culturel depuis 2005.
The former Saint-Lazare Hospital is a fine example of 12th-century hospital architecture. It has been used as a cultural venue since 2005.

La Maison bleue à colombage, en brique et silex, date de 1691.
The half-timbered Blue House, made of bricks and flint, dates back to 1691.

Gerberoy
Gerberoy

L'architecture médiévale est mise en valeur par les rues très fleuries.
Flower-filled streets offer a beautiful setting for the mediaeval architecture.

Gerberoy fait partie du cercle fermé des « Plus beaux villages de France ». Le peintre Henri Le Sidaner y a initié la Fête des Roses, et chaque année au mois de juin, depuis 1928, le village célèbre cet événement avec toujours beaucoup de succès. C'est en flânant dans les ruelles pavées ou sur les remparts que l'on découvrira le charme des maisons des XVIIe et XVIIIe siècles.

Gerberoy has been officially recognised as one of the 'Most Beautiful Villages in France'. The painter Henri Le Sidaner started the Rose Festival here in 1928, and every year in June the whole village celebrates this popular event. Visitors strolling along the cobbled streets or ramparts can admire the charming 17th- and 18th-century houses.

Le mélange de brique et de torchis à colombage fait le charme de ces maisons.
These delightful half-timbered houses are made from a mixture of brick and cob.

Les remparts ont été aménagés en jardins à terrasse par le peintre Henri Le Sidaner.
The ramparts were turned into terraced gardens by painter Henri Le Sidaner.

Ce bel ensemble sera l'occasion de d'agréables flâneries.
The village is the perfect setting for a gentle stroll on a sunny day.

Chantilly est célèbre à plusieurs titres… Le magnifique domaine du château, propriété des Bourbon-Condé, mérite à lui seul une visite complète. Le parc exceptionnel de Le Nôtre, le musée Condé et ses chefs-d'œuvre d'Ingres ou de Raphaël et l'incroyable bibliothèque aux 13 000 volumes, propriété du duc d'Aumale.

Chantilly has several strings to its bow. The stunning Domaine de Chantilly with its beautiful château, formerly owned by the Bourbon-Condé family, is well worth a lengthy visit. Of particular interest are the magnificent grounds designed by Le Nôtre, the Condé Museum with masterpieces by Ingres and Raphaël, and the outstanding library with an impressive 13,000 volumes compiled by the Duke of Aumale.

La structure métallique de la bibliothèque fut inspirée au XIXᵉ siècle par la Bibliothèque nationale de France.
The library's metal structure was inspired by the National Library of France in the 19th century.

La dentelle de soie noire tissée au XIXᵉ siècle est la « star » du musée de la Dentelle.
Black silk lace woven in the 19th century is the star attraction of the lace museum.

Depuis le Moyen Âge, les plus grandes familles princières de France ont occupé le domaine. Ici, un héron dans les douves.
Since the Middle Ages, the most prominent princely families in France have lived on the Domaine de Chantilly. Here, a heron in the moat.

Forteresse médiévale au XIVᵉ siècle, le château fut transformé au XVIIIᵉ par l'architecte Jules Hardouin-Mansart.
Once a mediaeval fortress in the 14th century, the château was completely remodelled in the 18th century by architect Jules Hardouin-Mansart.

Chantilly
Chantilly

**Dans le parc, plusieurs styles s'associent
aux créations de Le Nôtre, jardin anglais, anglo-chinois...**
*The grounds designed by Le Nôtre are now juxtaposed with
English-style and Anglo-Chinese gardens.*

Dans un secteur de la forêt, les pur-sang du plus grand centre d'entraînement au monde profitent d'un sol idéal.

In a section of the forest, thoroughbreds at the world's largest horse training centre are taken through their paces on ideal ground.

Chantilly : capitale du cheval
Chantilly: the home of horse racing

La légende raconte qu'Henri de Bourbon fit construire les Grandes Écuries, car il était persuadé d'être réincarné en cheval.

Legend has it that Henri de Bourbon had the Great Stables built because he believed he was going to be reincarnated as a horse.

Chantilly est aussi capitale du cheval…
L'hippodrome offre des grands prix
renommés et les Grandes Écuries
permettent de visiter le Musée vivant du Cheval.
On pourra croiser dans les grandes allées de la
forêt les pur-sang à l'entraînement, ou tenter
d'observer l'un des nombreux cervidés.

*Chantilly is also France's horse-riding capital. The
racecourse hosts several prestigious events and the
Great Stables now house the Living Horse Museum.
Thoroughbreds can often be seen in training on the wide
paths criss-crossing the forest, and if you're lucky you
might catch a glimpse of a deer.*

Chaque année, les écuyers et voltigeurs présentent
un nouveau spectacle aux Grandes Écuries
(© Guilloux - Château de Chantilly).
*Horse riders and acrobats put on a new show each year
in the Great Stables (© Guilloux – Château de Chantilly).*

Les cavaliers longent le parc en revenant
de la forêt toute proche.
*Jockeys ride along the edge of the grounds on their way back
from the nearby forest.*

Dans des salles à l'architecture remarquable, le Musée vivant du Cheval
met en valeur l'art équestre (© H. Cléret - Château de Chantilly).
*The Living Horse Museum, housed in stunning architecture, brings the elegant world
of equestrianism to life (© H. Cléret – Château de Chantilly).*

enlis est cité royale, plusieurs dynasties franques l'occupèrent. C'est bien sûr la flèche de la cathédrale s'élevant à 78 m au-dessus du sol qui attire les regards mais les promenades dans les remparts, fortifications médiévales, seront l'occasion de cheminer le long de la Nonette.

Senlis was once a royal city, home to several Frankish dynasties. The lofty 78m-tall cathedral spire towers over the town and provides a natural focal point, but visitors will also enjoy exploring the town walls and mediaeval fortifications that run along the River Nonette.

Le couronnement de la Vierge est le thème du tympan central de la cathédrale.
The Coronation of the Virgin is depicted on the central tympanum of the cathedral.

La flèche fut ajoutée au XIIᵉ siècle et inspira nombre de clochers picards.
The spire was added in the 12th century and inspired several steeples in Picardy.

Les origines du château royal remontent aux Mérovingiens.
The origins of the royal castle can be traced back to the Merovingian period.

En été, les calèches partent de la cathédrale pour une paisible visite de la cité.

In summer, horse and carriage rides are a wonderful way to explore the town.

Senlis
Senlis

Rue de la Treille.
Rue de la Treille.

Le marquis de Girardin créa ces magnifiques jardins sur des marécages. Ici, l'embarcadère.
The Marquis de Girardin created these beautiful gardens on marshland. Here, a view of the pier.

Ermenonville
Ermenonville

Le tombeau de Jean-Jacques Rousseau n'est pas la seule tombe du parc.
The tomb of Jean-Jacques Rousseau is one of several tombs in the park.

Au cœur des forêts princières, Ermenonville est fière de son histoire, sa forêt et ses personnages célèbres. Jean-Jacques Rousseau y vécut au soir de sa vie et fut inhumé en 1778 sur l'île aux Peupliers. Le parc lui rendant hommage est propice aux promenades et aux rêveries.

Nestled in stunning woodland, Ermenonville is proud of its history, its forest and its famous residents. Jean-Jacques Rousseau lived here in his later years and was buried on the Ile des Peupliers in 1778. The park created in his memory is the perfect place for strolling and daydreaming.

La cour d'honneur du château donne sur le parc Jean-Jacques-Rousseau.
The central courtyard of the château overlooks Jean-Jacques-Rousseau Park.

La fontaine Jean-Jacques-Rousseau.
Ses cendres reposent à présent au Panthéon.
Jean-Jacques-Rousseau fountain.
The philosopher's ashes are now in the Panthéon in Paris.

Ermenonville fait partie du parc naturel régional Oise-Pays de France.
Ermenonville is part of the Oise–Pays de France Regional Natural Park.

L es terres de l'Oise, ancien
domaine des rois de France,
gardent les traces de leur foi.
Bâties entre le XIIe et le XIIIe siècle,
généralement dans de superbes lieux
préservés, les abbayes royales ont
souvent eu à affronter des conflits qui
les ont ravagées.

*The Oise département, once home to the
Kings of France, still bears traces of its
religious heritage. The royal abbeys, built in
the 12th and 13th centuries, often in beautiful
natural settings, have often borne witness to
terrible conflicts which have left their mark.*

L'abbaye royale du Moncel abritait l'ordre féminin des Clarisses de 1336 à la Révolution.
The Royal Abbey of Moncel housed the Clarisse order of nuns from 1336 to the French Revolution.

**Morienval est considéré parfois comme une élégante transition
entre le style roman et le gothique.**
Morienval represents an elegant transition between the Romanesque and Gothic styles.

**L'abbaye Notre-Dame de Morienval était occupée au XIIIe siècle
par soixante moniales bénédictines.**
*The Abbey of Notre-Dame de Morienval was home to sixty Benedictine
nuns in the 13th century.*

Notre-Dame d'Ourscamp, abbaye cistercienne, fut fondée au XIIᵉ siècle par saint Bernard.
The Cistercian Abbey of Notre-Dame d'Ourscamp was founded in the 12th century by Saint Bernard.

Les abbayes de l'Oise
Abbeys in Oise

Saint Louis venait partager la vie des moines cisterciens à l'abbaye de Chaalis.
Saint Louis came to Chaalis Abbey to experience the daily life of Cistercian monks.

Abbaye bénédictine de femmes, puis faïencerie ou ferme, Saint-Paul fut très détériorée et ses restes superbement restaurés par des particuliers.
Saint-Paul was a Benedictine abbey for nuns before being turned into an earthenware factory and farm. Though it fell into disrepair, its remains have been superbly restored by private individuals.

L'histoire et la religion
History and religion

Moncel est actuellement rénovée et animée par le Club du Vieux Manoir.
Moncel has been renovated and now houses the Club du Vieux Manoir.

Bénédictines, cisterciennes ou clarisses, publiques ou privées, les abbayes seront toutes une occasion de se tourner vers une histoire tourmentée, plusieurs offrant de superbes lieux d'exposition.

The region's many state- and privately-owned abbeys – whether Benedictine, Cistercian or Clarisse – all tell the story of their turbulent history. Several house fascinating exhibitions.

Le charme d'Ourscamp tient du mélange des vestiges et de la végétation.
The remains of the Abbey of Ourscamp are now set in beautiful gardens.

Un détail de l'abbaye de Morienval.
A detail of the Abbey of Morienval.

L'église de l'abbaye d'Ourscamp fut réaménagée dans l'infirmerie du XIIe siècle.
The Abbey Church of Ourscamp was turned into an infirmary in the 12th century.

Il existe cent soixante centres équestres dans l'Oise et plusieurs hippodromes célèbres. Le Prix de Diane à Chantilly est particulier : il sacre la meilleure pouliche de trois ans mais aussi le prix de l'Élégance féminine avec son défilé de chapeaux. L'hippodrome de Compiègne, quant à lui, propose vingt-trois réunions par an. Son cadre près du palais impérial offre au spectateur une certaine détente mêlée de ravissement.

The Oise département has a hundred and sixty equestrian centres and several famous racecourses. The prestigious Prix de Diane in Chantilly is a veritable institution – as well as a race for three-year-old fillies, the event also includes a fabulous parade of hats and a prize for the most elegant lady. Compiègne Racecourse holds twenty-three meetings a year. Its setting near the Imperial Palace offers spectators a unique day out.

Les Picardians sont à Bailleval un lieu de passion du cheval de Camargue.
The residents of Picardy turn out in force in Bailleval, a centre for Camargue horses.

La balade, ou les cours techniques présentés par les écuries de la Plaine à Avrechy.
The La Plaine stables in Avrechy offer trotting or technical courses.

Aux portes de Paris, tout en étant à la campagne, le centre équestre du Moulin d'Airion.
The Moulin d'Airion horse-riding centre is in the countryside but not far from Paris.

Le Prix de Diane attire chaque année plus de 30 000 personnes (© APRH).
The Prix de Diane attracts some 30,000 people each year (© APRH).

L'équitation
Horse riding

Comme sur le sommet du portique, le fronton des Grandes Écuries représente des chevaux hennissant.
Whinnying horses can be seen at the top of the portico and on the pediment of the Great Stables.

La façade de l'hôtel de ville, chef-d'œuvre du gothique flamboyant, est décorée entre autres d'une grande statue équestre de Louis XII.
The façade of the town hall is a masterpiece of the Flamboyant Gothic style and features a large equestrian statue of Louis XII.

Compiègne
Compiègne

Le palais de Compiègne, musée national, est aussi appelé « palais des deux empereurs », Napoléon Ier et Napoléon III.
The Palace of Compiègne, a national museum, is also known as the "palace of two emperors", after Napoleon I and Napoleon III.

Compiègne est incontournable pour son histoire et son patrimoine naturel, étroitement mêlés : le château rappelle qu'elle fut cité royale de Charles le Chauve à Louis XV puis impériale sous Napoléon. Une large allée le relie à la forêt domaniale. C'est dans une de ses clairières que fut signé l'armistice en novembre 1918.

Compiègne has a rich history that is closely intertwined with its natural heritage. The château evokes Compiègne's past as a royal city from Charles the Bald to Louis XV, then an imperial city under Napoleon. A broad avenue links the château to the forest. The Armistice ending the First World War was signed in one of the forest glades in November 1918.

C'est dans ce wagon que le maréchal Foch signa l'armistice le 11 novembre 1918.
It was in this carriage that Marshal Foch signed the Armistice on 11 November 1918.

Un grand cerf surpris pendant la période automnale du brame.
A deer during the autumn rutting season.

La forêt domaniale de Compiègne est, de par sa taille (14 000 ha), la troisième de France.
The state-owned Forest of Compiègne is the third-largest in France, covering some 14,000 hectares.

de vue des Beaux-Monts

Le château de Pierrefonds et celui de Troissereux sont deux édifices remarquables très différents, l'un de pierre calcaire blanche, l'autre de brique. C'est pourtant la Renaissance qui les unit : Pierrefonds, s'il fut à l'origine forteresse, sera remanié par Viollet-le-Duc dans le style Renaissance. Il abrite de riches collections.

The Château de Pierrefonds and Château de Troissereux are two remarkable, very different monuments, one made of chalky white stone and the other of brick. But they both bear the hallmark of the Renaissance – although Pierrefonds was originally a fortress, it was completely renovated by Viollet-le-Duc in the Renaissance style. It currently houses remarkable collections.

Le parc paysager du château de Troissereux compte des centaines d'arbres séculaires.
The landscaped park at the Château de Troissereux has hundreds of ancient trees.

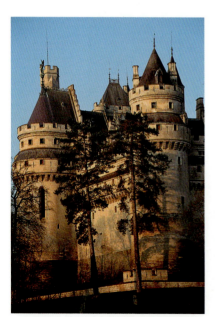

Pierrefonds fut remanié sur ordre de Napoléon III.
Pierrefonds was restored by order from Napoleon III.

De style classique, le château d'Ermenonville était à l'origine une forteresse dans les marécages.
The Classical-style Château d'Ermenonville was originally a fortress built on marshland.

Le château de Pierrefonds présente une importante exposition sur Viollet-le-Duc et les fonderies d'art Monduit.
The Château de Pierrefonds houses a major exhibition on Viollet-le-Duc and the Monduit art foundries.

Les châteaux de l'Oise
Châteaux in Oise

Les collections de Pierrefonds permettent également la visite de remarquables appartements impériaux.
Visitors to the Château de Pierrefonds can admire the imperial apartments, impeccably decorated with period pieces.

Un des attraits de Noyon est son quartier cathédral préservé.

One of Noyon's main attractions is its historical cathedral district.

Noyon
Noyon

Le transept est inspiré de l'abbatiale Saint-Germain-des-Prés.

The transept is inspired by the Abbey Church of Saint-Germain-des-Prés.

Noyon fut le lieu du couronnement de Charlemagne en 768 et d'Hugues Capet en 987. L'actuelle cathédrale fut construite au XIIᵉ siècle. Avec ses deux tours massives finement ciselées, elle s'impose comme un joyau de l'art gothique. La bibliothèque du Chapitre date du XVIᵉ siècle, élevée sur des piliers de bois, elle renferme plusieurs milliers de volumes dont plusieurs incunables.

Noyon was the site of the coronation of Charlemagne in 768 and Hugh Capet in 987. The current cathedral was built in the 12th century. With its two sturdy, finely carved towers, it is a masterpiece of Gothic architecture. The chapter library, built on wooden piles, dates back to the 16th century and houses several thousand volumes, including many incunabula.

Jean Calvin est né à Noyon en 1509. Un musée lui est consacré.
John Calvin was born in Noyon in 1509. The town has a museum dedicated to him.

La bibliothèque du Chapitre (1506) se situait entre la prison et la salle du trésor.
The chapter library, dating from 1506, is located between the prison and the treasury.

La place de l'Hôtel-de-Ville, de style gothique flamboyant typiquement picard.
The Place de l'Hôtel-de-Ville is in a Flamboyant Gothic style typical of Picardy.

Art de vivre
Leisure and relaxation

Le donjon de Vez et son jardin minimaliste.
Vez castle keep and its minimalist garden.

Les parcs d'attraction
Theme parks

▼ **Trente-deux attractions** dont **sept montagnes russes** et **quatre parcs aquatiques** font le bonheur des visiteurs du Parc Astérix (© S. Cambon - Parc Astérix).
Parx Astérix has thirty-two rides, including seven roller coasters and four water rides (© S. Cambon – Parc Astérix).

▲ Le **parc Saint-Paul** a ouvert en 1983 et comporte actuellement trente-sept attractions à partager en famille (© Parc Saint-Paul).
Parc Saint-Paul opened in 1983 and currently has thirty-seven rides for a great family day out (© Parc Saint-Paul).

▼ Outre les attractions et les spectacles, le parc Saint-Paul offre de **nombreuses aires** de **pique-nique** et de **barbecue** (© Parc Saint-Paul).
As well as its rides and shows, Parc Saint-Paul has several picnic and barbecue areas (© Parc Saint-Paul).

▲ **Le Parc Astérix** a ouvert
ses portes en 1989. Il est
dédié aux créateurs Goscinny
et Uderzo (© H. Cussot -
Parc Astérix).
Parc Astérix opened in 1989.
It features the creations of
cartoonists Goscinny and Uderzo
(© H. Cussot – Parc Astérix).

▶ **La Mer de Sable** est le
plus ancien parc à thème de
Picardie, avec sa création
en 1963 par Jean Richard
(© Mer de Sable).
La Mer de Sable is the oldest
theme park in Picardy. It was
created in 1963 by Jean Richard
(© Mer de Sable).

Les parcs et jardins
Parks and gardens

▼ **Les roses de Valloires au début de l'été. Une fois par mois, un jardinier présente son travail.**
Valloires roses in early summer. Once a month, a different gardener exhibits his or her work.

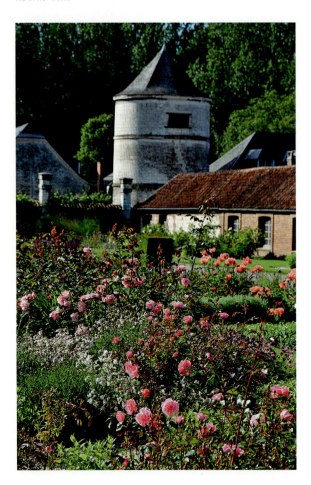

▲ **Le jardin et théâtre de Verderonne (60) et ses serres du xixᵉ siècle ont plusieurs espaces classés aux Monuments historiques.**
The garden and theatre of Verderonne feature 19th-century greenhouses and several areas listed as historical monuments.

▼ **L'étang du parc de Montgobert (02) se situe en contrebas de l'allée qui relie le château au tombeau du général Leclerc. Il fait partie de la forêt de Retz.**
The lake in Montgobert Park sits below the path linking the château to General Leclerc's tomb. The park is part of Retz Forest.

▲ **Les jardins de Valloires ont adopté une politique de développement durable, sans aucun insecticide. Les coccinelles y font par exemple un grand travail.**
Valloires Gardens have adopted a sustainable development policy – no pesticides are used here, and ladybirds have been introduced to control pests.

▶ **Les jardins à thème de Viels-Maison (02) ont été dessinés par la paysagiste Sonja Gauron. Les couleurs très étudiées des plantes s'harmonisent avec la silhouette de l'église romane.**
The themed Viels-Maison Gardens were designed by landscape gardener Sonja Gauron. The colours of the plants were chosen carefully to blend in with the silhouette of the Romanesque church.

Une nature apprivoisée

Nature tamed

▼ **Bertrande de La Doucette,** propriétaire des jardins de **Viels-Maison,** est aussi présidente de l'Association régionale des Parcs et Jardins de Picardie. Elle a créé cet ensemble en 1991.

Bertrande de La Doucette, owner of the Viels-Maison Gardens, also chairs the Regional Association of Parks and Gardens in Picardy, an organisation she set up in 1991.

Jean-Pierre Raynaud, le Pot doré © ADAGP, Paris 2013

▼ **Le marquis de Girardin voulut ce parc d'Ermenonville (60) moins classique que ses contemporains du** XVIIᵉ **siècle, plus sauvage et poétique.**

The Marquis de Girardin wanted this park in Ermenonville to have a wild, poetic feel, to be less conventional than other 17th-century parks.

▲ **Le jardin minimaliste du donjon de Vez (60)** est une création de Pascal Cribier, paysagiste des Tuileries. Le miroir d'eau abrite le *Pot doré* de Jean-Pierre Raynaud, dont un double, plus grand, figure en bonne place devant le Centre Pompidou à Paris.

The minimalist garden at Vez castle keep was designed by Pascal Cribier, landscape gardener for the Tuileries in Paris. The reflecting pool features Jean-Pierre Raynaud's *Pot doré*, a larger version of which has pride of place in front of the Pompidou Centre in Paris.

▲ Jouxtant les hortillonnages et le quartier Saint-Leu, le parc Saint-Pierre à Amiens (80) offre une belle vue sur la cathédrale. Il couvre 19 ha en plein cœur de la ville.
Next to the hortillonnages and Saint-Leu district, Saint-Pierre Park in Amiens offers a stunning view over the cathedral. This vast 19-hectare park is a welcome green space in the city centre.

▶ Le jardin botanique de l'abbaye de Vauclair (02) présente 400 plantes médicinales selon les principes monastiques, en carré. La préservation de variétés anciennes de fruits est aussi sa mission.
The botanical gardens of Vauclair Abbey are home to 400 medicinal plants, laid out in squares in accordance with monastic principles. One aim of the gardens is also to preserve ancient fruit varieties.

La gastronomie
Picardy cuisine

▼ La Ficelle Picarde est une recette des années cinquante. Une crêpe gratinée à l'emmental farcie avec des champignons, du jambon, de l'échalote et de la crème fraîche... À arroser avec une bière Colvert de Péronne !

The *Ficelle Picarde* is a recipe from the 1950s – pancakes stuffed with mushrooms, ham, shallots and cream, topped with Emmental cheese and baked until golden brown. Enjoy with a glass of Colvert beer from nearby Péronne.

▲ D'une lignée de laboureurs-vignerons remontant au XVIᵉ siècle, la famille Leredde à Crouttes (02) se consacre exclusivement au champagne depuis plus de trente ans.

The Leredde family in Crouttes have a long history as ploughmen and wine growers dating back to the 16th century. For the past thirty years they have devoted their attention to Champagne production.

▼ Les Picantins sont une spécialité compiégnoise à base de chocolat. Ils ont été inspirés par les trois personnages sculptés au-dessus des cloches de l'hôtel de ville. Ces Picantins piquent les cloches pour les faire sonner depuis quatre siècles.

Picantins are a chocolate-based speciality from Compiègne. They were inspired by the three sculpted figures above the bells on the town hall. These *Picantins* have been striking (or "*piquant*") the bells for the past four hundred years.

▲ La baie de Somme produit 90 % de la salicorne nationale. Cette algue est dite halophile car elle se plaît sur les terres salées ; les prés-salés, recouverts à marée haute, et les vasières permettent de la trouver à l'état sauvage.

The Somme Bay produces 90% of France's Salicornia. These algae are known as "halophilic" because they like salty ground. They can be found growing in the region's mudflats and salt meadows, which are flooded at high tide.

▶ Le maroilles est un fromage de l'Avesnois à l'odeur caractéristique. Il figure en bonne place parmi de nombreux produits picards comme le Coco Soissonnais, la crème Chantilly, le macaron d'Amiens ou l'agneau de pré-salé.

Maroilles is a strong-smelling cheese from the Avesnois area. It is just one of many specialities from Picardy; others include Soissons beans, Chantilly whipped cream, Amiens macaroons and salt-meadow lamb.

Le charme de l'église Saint-Sulpice, près de Beauvais.

The charming Saint-Sulpice Church, near Beauvais.

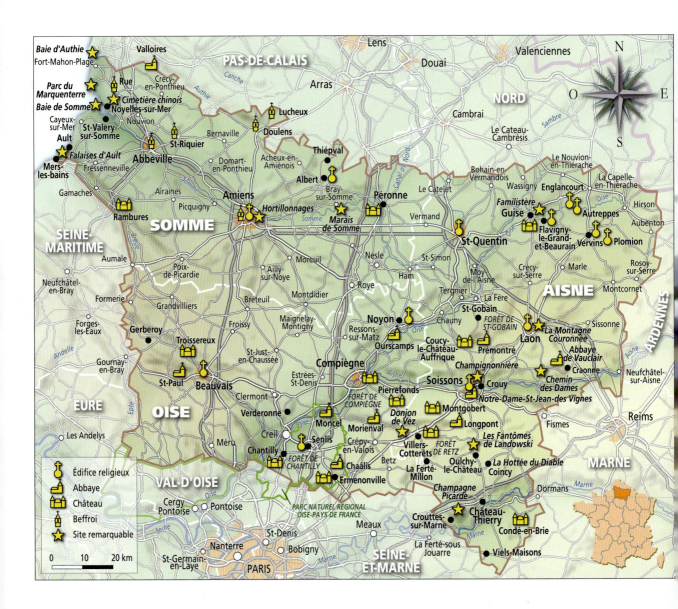

Baie d'Authie
Fort-Mahon-Plage
Valloires
PAS-DE-CALAIS
Lens
Valenciennes
N
O E
S

Rue
Crécy-en-Ponthieu
Canche
Arras
Douai
NORD

Parc du Marquenterre
Cimetière chinois
Noyelles-sur-Mer
Nouvion
Lucheux
Cambrai
Sambre

Baie de Somme
Cayeux-sur-Mer
Ault
St-Valéry-sur-Somme
Bernaville
Doullens
Le Cateau-Cambrésis
Le Nouvion-en-Thiérache

Falaises d'Ault
St-Riquier
Domart-en-Ponthieu
Acheux-en-Amiènois
Thiépval
Bohain-en-Vermandois
La Capelle-en-Thiérache

Mers-les-bains
Abbeville
Albert
Bray-sur-Somme
Le Catelet
Wassigny
Englancourt
Hirson
Aubenton

Fressenneville
Gamaches
Airaines
Amiens
Hortillonnages
Péronne
Vermand
Familistère
Guise
Autreppes
Vervins
Plomion

Rambures
SEINE-MARITIME
Picquigny
SOMME
Somme
Marais de Somme
St-Quentin
St-Simon
Ham
Moy-de-l'Aisne
Flavigny-le-Grand-et-Beaurain
Rosoy-sur-Serre

Aumale
Poix-de-Picardie
Ailly-sur-Noye
Moreuil
Nesle
Roye
Crécy-sur-Serre
Marle
Montcornet
AISNE

Neufchâtel-en-Bray
Formerie
Grandvilliers
Breteuil
Montdidier
Tergnier
La Fère
St-Gobain
FORÊT DE ST-GOBAIN
Chauny
Sissonne
ARDENNES

Forges-les-Eaux
Gerberoy
Troissereux
Froissy
Maignelay-Montigny
Ressons-sur-Matz
Noyon
Ourscamps
Coucy-le-Château-Auffrique
Prémontré
Laon
La Montagne Couronnée
Neufchâtel-sur-Aisne

Gournay-en-Bray
Andelle
St-Paul
Beauvais
St-Just-en-Chaussée
Estrées-St-Denis
Compiègne
Champignonnière
Soissons
Crouy
Chemin des Dames
Abbaye de Vauclair
Craonne

EURE
Les Andelys
Epte
OISE
Verderonne
Clermont
FORÊT DE COMPIÈGNE
Pierrefonds
Montgobert
Notre-Dame-St-Jean-des-Vignes
Fismes
Reims

Méru
Creil
Moncel
Senlis
Morienval
Donjon de Vez
Longpont
Les Fantômes de Landowski
MARNE

Chantilly
FORÊT DE CHANTILLY
Crépy-en-Valois
Betz
Villers-Cotterêts
FORÊT DE RETZ
Oulchy-le-Château
La Hottée du Diable
Coincy

Chaâlis
Ermenonville
La Ferté-Millon
Champagne Picarde
Dormans

VAL-D'OISE
PARC NATUREL RÉGIONAL OISE-PAYS DE FRANCE
Crouttes-sur-Marne
Château-Thierry
Marne

Cergy Pontoise
Pontoise
Seine
Meaux
Condé-en-Brie

Nanterre
St-Denis
Bobigny
La Ferté-sous-Jouarre
Viels-Maisons

St-Germain-en-Laye
PARIS
SEINE-ET-MARNE

Édifice religieux
Abbaye
Château
Beffroi
Site remarquable

0   10   20 km

Table des matières

Contents

Remerciements
Acknowledgments

Nous tenons à remercier pour leur aide précieuse et leur accueil :
We would like to thank the following people for their valuable help and warm welcome:

Davina Drujon du CRT Picardie, *Davina Drujon from CRT Picardie,*
Véronique Doullens de Ercuis (02), *Véronique Doullens from Ercuis,*
Christophe Calzado de Laon (02), *Christophe Calzado from Laon,*
Marion Lejosne d'Amiens (80), *Marion Lejosne from Amiens,*
Mme et M. Leredde de Crouttes-sur-Marne (02), *Mme and M. Leredde from Crouttes-sur-Marne,*
François-Xavier Tempez de Péronne (80), *François-Xavier Tempez from Péronne,*
Anne Vuidepot de Pronleroy (60), *Anne Vuidepot from Pronleroy,*
Théo et Lola pour leur soutien. *Théo and Lola for their support.*

Editions OUEST-FRANCE
Lille - Aix-en-Provence - Rennes

Éditeur : Hervé Chirault
Coordination éditoriale : Claire Martel
Conception graphique : studio graphique des Éditions Ouest-France
Cartographie : Patrick Mérienne
Mise en pages et photogravure : graph&ti, Cesson-Sévigné (35)
Impression : Pollina, Luçon (85) - L64189

© 2013, Éditions Ouest-France
Édilarge SA, Rennes
I.S.B.N : 978-2-7373-5894.4
N° d'éditeur : 6998.01.4,5.04.13
Dépôt légal : avril 2013
Imprimé en France
www.editionsouestfrance.fr